BIBLIOGRAPHIE

DES

JOURNAUX

DU DÉPARTEMENT DE L'ORNE

PAR

M. L. DE LA SICOTIÈRE

LE MANS

TYPOGRAPHIE EDMOND MONNOYER

12, PLACE DES JACOBINS, 12

1894

BIBLIOGRAPHIE DES JOURNAUX
DU DÉPARTEMENT DE L'ORNE

Extrait du compte rendu du Congrès provincial de la Société bibliographique, tenu au Mans les 14 et 15 novembre 1893

BIBLIOGRAPHIE

DES

JOURNAUX

DU DÉPARTEMENT DE L'ORNE

PAR

M. L. DE LA SICOTIÈRE

LE MANS

TYPOGRAPHIE EDMOND MONNOYER

12, PLACE DES JACOBINS, 12

—

1894

BIBLIOGRAPHIE DES JOURNAUX

DU DÉPARTEMENT DE L'ORNE

INTRODUCTION

Il n'existe point de collection complète des feuilles (journaux, revues et autres recueils périodiques) publiées dans le département de l'Orne; c'est un malheur, car ces feuilles, si dédaignées, renferment, pour l'histoire locale, des trésors inappréciables de documents. La nôtre, assez considérable, et qui nous a coûté beaucoup de temps, de soins et d'argent, ne renferme qu'une partie des éléments que nous nous proposions d'y faire entrer.

La bibliographie de ces publications n'avait jamais été faite, ni même essayée. Rien dans le *Manuel du libraire*, de Brunet, ni dans la *Bibliographie des Journaux*, de Deschiens, (1829); — quelques indications dans la *Bibliographie historique et critique de la Presse périodique française*, (1866) par Eugène Hatin, qui vient de mourir à Alençon, chargé de labeurs et d'années; dans un article sur les *Gazettes normandes*, de Louis du Bois (1); dans un autre article sur le *Journalisme à Laigle*, de M. Almagro (2); dans la brochure de MM. Blanchetière et Appert : l'*Imprimerie dans l'arrondissement de Domfront* (3); dans nos propres *Notices* sur l'abbé Fret (4) et sur Delestang (5) et dans notre *Histoire du collège d'Alençon* (6); — un peu davantage dans le *Manuel du Bibliogra-*

---

(1) Inséré dans le *Journal de Caen et de la Normandie* du 24 décembre 1829, et reproduit dans le *Journal d'Alençon*.

(2) *Glaneur* de Laigle. 1880.

(3) Domfront, Liard, 1880, in-8° de 33 p.

(4) Mortagne, Daupeley frères, 1863, in-8° de 36 p.

(5) Mortagne, Pichard-Hayes, 1890, in-8° de 16 p.

(6) Caen, Le Roy, (1841), in-8° de 78 p.

phe Normand (1858), d'Edouard Frère, et, pour la période
actuelle, dans les *Bibliographies du département de l'Orne* publiées par M. Beaudouin, depuis l'année 1887, dans le *Bulletin de la Société historique et Archéologique de l'Orne* (Tomes VII
et suivants), et dans les *Annuaires du département de l'Orne,*
à partir de 1880, par M. Duval, archiviste du département ; — détails précis dans les *Bibliographies cantonales*
de M. le Cᵗᵉ de Contades. (Domfront, Carrouges, La Ferté-
Macé, Vimoutiers.)

Nous allons essayer de donner un catalogue plus complet et
plus exact. Des suppléments devront enregistrer les feuilles
nouvelles qui, au train dont vont les choses depuis plusieurs
années, ne peuvent manquer de se multiplier, et les feuilles
anciennes qui auraient échappé à nos investigations.

Nous ne connaissons, d'ailleurs, que très imparfaitement les
collections autres que la nôtre.

M. Duval a bien voulu nous communiquer la liste des
journaux de l'Orne, qu'il a eu la bonne pensée de réunir aux
Archives du département et qu'il continue d'y collectionner
avec un zèle qui devrait trouver des imitateurs. M. Beaudouin nous a secondé dans nos recherches avec une complai-
sance dont nous ne saurions assez le remercier. Enfin, nous
devons d'intéressantes communications à nos amis, MM. le
Cᵗᵉ de Contades et Appert.

Le classement de nos journaux départementaux par lieux
d'impression paraît, au premier aspect, le plus simple et le
plus naturel. Il a été suivi dans l'*Annuaire de l'Orne.* Mais
s'il offre de réels avantages, il présente aussi de grands in-
convénients : 1º Beaucoup de journaux s'impriment dans une
localité différente de celle où ils sont rédigés et à laquelle
ils sont plus spécialement destinés; 2º D'autres se sont imprimés successivement dans des localités différentes ;
3º Quelques-uns des journaux de l'Orne ont été imprimés ou
s'impriment encore dans les départements voisins. Nous
avons donc adopté le classement par ordre chronologique,
en établissant approximativement huit grandes divisions :

I. Avant la Révolution. — II. Révolution (1789-1800). —
III. Empire (1800-1814). — IV. Restauration (1814-1830). —
V. Gouvernement de juillet (1830-1848). — VI. Révolution
de 1848 (1848-1851). — VII. Deuxième Empire (1851-1870). —
VIII. Nouvelle République (1870.....).

I

Avant la Révolution

Affiches, Annonces et Avis divers de la Province du Perche.
Ce journal, le premier qui ait été publié dans notre pays, paraissait le dimanche, par cahiers de 8 p. in-8°, avec une pagination suivie. Il s'imprimait à Alençon, chez Malassis le jeune ; le directeur était l'abbé Burat, de Mortagne, alors domicilié à Paris, cloître Saint-Honoré. Le premier numéro est du 6 janvier 1788 ; le dernier, du 4 janvier 1789. *(Notice sur Delestang).*
Rare et précieux journal. — Bibliothèque de M. de La Sicotière ; — Bibliothèque d'Alençon.

II

Révolution

1789-1800

Journal des Assemblées provinciales du Royaume.
Cette feuille projetée par Dufriche de Valazé, le publiciste et futur conventionnel, devait paraître deux fois par mois, par cahiers de 32 pages. Nous en possédons le prospectus manuscrit, ainsi que le marché avec l'imprimeur Malassis, qui devait concourir aux frais pour deux tiers, et aux bénéfices pour moitié (12 novembre 1789). Elle ne parut pas.

Journal de Mortagne.
Nous ne connaissons ce journal, qui dut paraître au commencement de la Révolution, et qui eut au moins 57 numéros, que par la mention qu'en fait Delestang dans ses manuscrits. *(Notice, p. 12.)*

Journal pour le département d'Alençon.
Paraissant régulièrement tous les jeudis, par cahiers de 8 p. in-8° avec suppléments, chez Malassis fils ; prospectus de 4 pages. Premier numéro, 4 mars 1790. En mars 1791, commence une seconde année, dont parurent au moins quarante numéros. (Louis du Bois, art cité — Hatin, p. 295.)
Très important pour l'histoire du temps. — Exemplaire incomplet, le seul connu ; Bibliothèque de M. de La Sicotière.

Journal du district de Laigle ou le Club des Familles.
Fondé, rédigé et imprimé par Coesnon-Pellerin, membre

du Comité de Surveillance. Ce journal paraissait deux fois par semaine, croyons-nous, par cahiers de 8 p. petit in-8°, à partir, probablement — car nous n'avons pas de certitude à cet égard — de la fin de 1792. (Louis du Bois, *art.* cité — Almagro, *ib.* — Hatin, p. 295.)

Un seul numéro (CVII, 11 octobre an II), dans la bibliothèque de M. de La Sicotière.

Le Pacifique ou *le Courrier de l'Aigle.*

Publié à l'Aigle, in-8° de 8 p. 1796-1797. (Louis du Bois, *art.* cité — Hatin, p. 295.)

Un seul numéro chez M. de La Sicotière.

Le redoutable Père Jean de Domfront.

Journal révolutionnaire extrêmement rare, inconnu à Hatin et dont la Bibliothèque nationale possède trois numéros, peut-être les seuls parus. Il était imprimé chez Sallière, rue Thibautodé, n° 7. On sait que le P. Jean de Domfront est un personnage du *Compère Mathieu*, de Dulaurens, qu'il y personnifie la brutalité de l'instinct naturel. Dans ce journal, il est censé raconter son histoire et une partie de sa jeunesse passée chez les capucins d'Alençon. (*Intermédiaire des Chercheurs et des Curieux*, 1894, col. 5.) Je soupçonne, mais sans assez de certitude pour le nommer, sous ce pseudonyme, un Domfrontais qui publia alors, sans se faire connaître, quelques opuscules politiques.

III

E M P I R E

1800-1814

Journal du Département de l'Orne.

Ce journal paraissait à Alençon tous les cinq jours, 8 p. in-8°, imprimé chez Malassis le jeune; il était rédigé par Louis du Bois, alors bibliothécaire de l'École centrale de l'Orne. La clôture de cette école l'ayant éloigné d'Alençon, le journal ne vécut que six mois, pluviôse à messidor an XI (1). Il reparut, son ancien directeur étant revenu à Alençon en qualité de

(1) Le *Journal* actuel *d'Alençon*, en inscrivant en-tête de ses numéros « fondé en 1805 », n'est donc pas exact; la vérité est qu'il avait commencé à paraître en l'an XI (1803), et qu'après une interruption de trois ans, il reparut en 1806.

secrétaire particulier du préfet, en novembre 1806. Il avait deux numéros par semaine, de 8 p. in-8°. A partir du mois d'avril 1807, il ne parut plus que le dimanche. Il formait un volume par an, de pagination suivie. Il s'est continué jusqu'à nos jours, toujours imprimé dans la maison Malassis et successeurs, sous des titres légèrement modifiés, avec des formats différents et toujours agrandis, in-8°, in-4°, petit et grand in-folio. Il donne aujourd'hui trois numéros par semaine, sous le titre de *Journal d'Alençon et du Département de l'Orne, paraissant les mardi, jeudi et samedi.*

La seule collection complète se trouve chez M. de La Sicotière. Autre collection à l'imprimerie du Journal.

La Bibliothèque d'Alençon possède les premiers volumes, publiés par Louis du Bois, qui abandonna la rédaction en 1812, pour suivre en Italie M. Roederer, préfet du Trasimène. Les volumes rédigés par lui renferment beaucoup de documents intéressants et sont rares. Collection incomplète, à partir de 1812, aux Archives de l'Orne.

Mémorial administratif du département de l'Orne, ou collection d'Arrêtés, d'Instructions, de Lettres, d'Avis, de Décisions et de divers Actes, sur les points principaux de l'Administration.

Alençon, imprimerie de la Préfecture, in-8°, an XIV (1805). Le 1er numéro est daté du 14 brumaire an XIV. Ce recueil compte aujourd'hui 60 vol. (*Annuaire* pour 1892).

Collections à la Préfecture, dans certaines mairies et chez M. de La Sicotière.

Journal du deuxième Arrondissement de l'Orne (Argentan).

Argentan, Marre ; paraissant le jeudi, par cahiers de 8 p. in-8° ; calqué sur le *Journal de l'Orne.* 1er numéro, 1er janvier 1808.

Très rare. — Les trois premiers numéros chez M. de La Sicotière. Collection incomplète aux Archives de l'Orne.

Affiches, Annonces et Avis divers d'Argentan.

Suite du précédent article. Argentan, Marre, in-8°. Le numéro 14 est daté du 29 juillet 1821. En 1833, cette feuille devient le *Journal d'Argentan, Feuille Judiciaire, Commerciale, Agricole, Industrielle, Scientifique et Littéraire de la Ville et de l'Arrondissement.* Elle paraît le dimanche, chez Barbier (1).

_____

(1) Cette indication, empruntée à Frère, ne doit pas être exacte. Nous avons, sous les yeux, des numéros du *Journal judiciaire et*

En 1848, elle s'appelle le *Patriote de l'Orne, Journal Politique, Littéraire, Agricole, Commercial et Judiciaire de la Ville et de l'Arrondissement d'Argentan*, paraissant le jeudi et le dimanche, petit in-folio. Elle se transforme encore et devient, en 1849, le *Journal d'Argentan, Feuille Judiciaire de la Ville et de l'Arrondissement, paraissant le dimanche* ; puis, le *Journal de l'Orne*, ancien *Journal d'Argentan*, 1852, Argentan, toujours chez Barbier, in-folio, paraissant le lundi et le jeudi. A cette époque, le *Journal de l'Orne* fut l'organe attitré du parti conservateur dans notre département. Il était dirigé par Moisson, gendre de Barbier. A partir du 26 avril 1852, le sous titre devient : *Feuille d'Annonces légales de l'Arrondissement d'Argentan, paraissant le jeudi* ; plus tard encore, son format s'agrandira et le *Journal de l'Orne* s'imprimera, toujours à Argentan, chez Mme veuve Potet (Frère).

Collections incomplètes chez M. le comte de Contades, aux Archives de l'Orne et chez M. de La Sicotière.

IV

RESTAURATION

1814-1830

Affiches, Annonces et Avis divers de la Ville et de l'Arrondissement de Mortagne.

Hebdomadaire, Mortagne, Glaçon, 1816, in-8. A partir de 1849, ce journal devient in-4°.

L'Écho de l'Arrondissement de Mortagne, Journal d'Annonces légales, Agricole, Industriel, Commercial et Littéraire, paraissant tous les dimanches ; Mortagne, Daupeley, imprimeur, in-4°, 1re année, 1848.

A partir du 21 juin 1852, ces deux journaux se réunissent en une seule feuille sous le titre de l'*Écho de l'Orne, feuille d'annonces légales de l'arrondissement de Mortagne* ; Daupeley, impr. in-4°, remplacé bientôt par l'in-fol. (Frère). Il ajoute aujourd'hui à son titre : *Organe libéral du département de l'Orne.*

Collections incomplètes chez M. de La Sicotière. — Archives.

L'Argus de l'Ouest.

In-8°, Nogent-le-Rotrou, Cardon. Dernier numéro, 1er jan-

commercial de l'Arrondissement d'Argentan, paraissant tous les dimanches, chez Barbier, in-8°, datés de 1838 et portant en-tête *24e année.*

vier 1819. L'éditeur se plaint amèrement de ce que le Préfet de l'Orne s'est opposé à ce que l'on imprimât son journal à Alençon, « où l'on avait trouvé, au refus de ceux de la Sarthe, un imprimeur actif et intelligent, (littérateur même), au moment même où ce journal allait paraître. » Cet éditeur était J. R. Pesche, du Mans. *(Dict. de la Sarthe*, VI, p. 755.)

Très rare. — Bibliothèque de M. de La Sicotière.

Feuille économique des Campagnes de l'Orne.

Devant paraître deux fois par mois, par livraisons de 16 p. in-8°. Il y en a seize, avec pagination suivie, 1819-1821. Imprimerie Poulet-Malassis, Alençon. L'éditeur était Renault, ancien professeur d'histoire naturelle à l'École centrale de l'Orne. Sa feuille se compose surtout d'extraits des journaux d'agriculture et d'économie domestique.

Un seul exemplaire connu, chez M. de La Sicotière.

Affiches, Annonces et Avis divers de Domfront.

Domfront, in-8°, hebdomadaire. Fondée par Marre, imprimeur, en 1819 ; continuée par Crestey, puis par Noire, puis par Renault, cette petite feuille d'annonces a été l'origine du *Journal de Domfront.* Vers 1836, elle prend pour titre : *Arrondissement de Domfront, Journal d'Affiches, Annonces judiciaires, légales et Avis divers de Domfront.* A ce moment seulement, elle commence à faire connaître l'État civil et la Taxe du pain. En 1841, elle agrandit son format et devient in-4°. Elle prend pour titre : *Journal de Domfront et de l'Arrondissement,* titre qu'elle modifie à plusieurs reprises. Elle finit par passer à l'in-folio et par devenir politique en 1873. (*L'Imprimerie dans l'arrondissement de Domfront* — Frère).

Collection incomplète chez M. de La Sicotière. — Autres, incomplètes, aux Archives de l'Orne et chez M. le comte de Contades (1859-1882).

V

GOUVERNEMENT DE JUILLET

1830-1848.

Le Courrier de la Sarthe journal politique, littéraire, commercial et judiciaire, devenu en 1841 *le Courrier de la Sarthe, de l'Orne et de la Mayenne, journal politique, industriel et littéraire.*

Paraissait au Mans, chez Belon et Richelet, petit in-folio, trois fois par semaine. Suspendu de 1835 à 1837, il disparut en octobre 1849. Il eut pour directeur M. Hauréau, bibliothécaire-adjoint de la ville, auteur de l'*Histoire littéraire du Maine*, aujourd'hui membre de l'Institut. Journal républicain. Il avait quelques correspondants dans l'Orne et cherchait à y diriger l'opinion radicale, mais il n'y pénétra guère.

En 1869, paraîtra au Mans, pendant quelques mois, chez Beauvais, une nouvelle feuille in-folio, sous ce titre : *Le Courrier de la Sarthe, l'Orne et la Mayenne, Indre-et-Loire, Maine-et-Loire, Loir-et-Cher, journal de la démocratie de l'Ouest.*

L'Ami de la Vérité, Journal de la Normandie.

Ce journal, fondé à Caen en 1831, s'imprimait chez Lecrêne et paraissait trois fois par semaine, in-folio. Premier numéro, 3 mars 1831 ; dernier, 2 octobre 1835. Il compta beaucoup d'abonnés et de correspondants dans notre département ; il y représentait l'opinion légitimiste.

Joyau, avocat à Caen, ancien professeur à l'École de Droit, avait pris la première part à la création de l'*Ami de la Vérité*. Il n'en garda pas la direction ; elle passa à divers, notamment à M. du Feugray, ancien préfet et à Chables de la Héronnière.

La publication de ce journal arrêta le projet qu'avaient formé plusieurs personnes, quelques-unes très jeunes, de fonder à Alençon une feuille de même nuance. Plus tard, en 1841, il fut de nouveau question de la fondation, à Alençon, d'un journal légitimiste. La circulaire de convocation pour la réunion qui devait en décider est du 6 décembre 1841 et signée : Comte de Chambray, de Blinière, Vicomte de Blesbourg, Druet-Desvaux (aîné), L. de Villiers, Edmond Baudry. Ce projet n'aboutit pas.

Rare. — Bibl. de M. de La Sicotière.

L'Abeille de l'Orne, année 1832.

Alençon, Trachsel, in-4°, hebdomadaire. Journal entièrement lithographié. Prospectus — premier numéro, 15 janvier ; dernier, 15 avril. *L'Abeille*, journal littéraire, en prose et vers, donna quelques lithographies. Elle était rédigée par Wains-Desfontaines et Charles Marchand.

Très rare. — Bibliothèque de M. de La Sicotière.

Le Petit Glaneur Normand.

Alençon, lithographie de Poulet-Malassis, in-4°. Supplément au *Journal d'Alençon* : en réalité, concurrence au journal lithographié l'*Abeille de l'Orne*. 5 numéros de 2 pages chacun, du 5 janvier au 2 février 1832.

Rare. — Bibliothèque de M. de La Sicotière.

Le Mémorial du Calvados, de l'Orne et de la Manche. Journal politique, littéraire et commercial.

Journal ministériel, imprimé à Caen, chez Pagny, et paraissant 3 fois par semaine, in-folio. Premier numéro, 11 novembre 1832; dernier, 12 novembre 1839. Beaucoup d'articles de Boisard et F. Vaultier (Frère). Il pénétra très peu dans l'Orne. Il fut remplacé par la *Publicité.* Directeur, dans les dernières années, Lesaulnier.

Rare. — Bibl. de M. de La Sicotière.

Journal d'Affiches, Annonces judiciaires, légales et Avis divers d'Alençon.

Alençon, Ralu-Matrot, in-8°, hebdomadaire. Premier numéro, 13 oct. 1833. Cette feuille a dù cesser de paraître à la fin de 1834.

Très rare. — Bibl. de M. de La Sicotière.

Affiches de Laigle.

Journal publié à Laigle, par livraisons in-8°, hebdomadaire; vers 1834.

L'Entr'Acte Alençonnais, Bulletin théâtral, ou compte rendu des Pièces et des Artistes; Biographie, Pochades dramatiques, etc.

16 numéros de 4 p. petit in-4°, quelques-uns avec supplément; 9 septembre au 1er novembre 1838. Alençon, Poulet-Malassis. Le rédacteur en chef était M. de Vilette, qui rédigea plus tard l'*Industriel de Saint-Germain.*

Nouvelle série commençant le 23 juin 1839, par un numéro 17, semblable aux précédents; mais le 27 juin, paraît, numéro 1, *La Revue, Entr'acte et Vert-Vert réunis. Programme du Spectacle. Comptes rendus des Pièces et des Artistes. Journal de Littérature, des Arts et des Nouvelles locales.* La *Revue* a 25 numéros, dont le dernier est du 3 novembre. Une troisième série recommence le 10 mai 1840 et va jusqu'au numéro 14 (17 septembre) en gardant le même format, petit in-4°. Il s'agrandit alors; des lithographies, des vieux bois illustrent les numéros 15 à 19 (18 octobre 1840). Ralu-Matrot est l'imprimeur des nouvelles séries depuis le numéro 10.

Exemplaire unique. Bibliothèque de M. de La Sicotière.

Vert-Vert.

Petit journal du théâtre d'Alençon qui paraissait par numéros de 4 pages petit in-4°. Il y en eut 15, de septembre à novembre 1838. Ils ne portent pas de date. Imprimerie Ralu-Matrot à Alençon.

Le *Vert-Vert* fusionna avec l'*Entr'Acte*. Rédacteur unique, L. Cherrier.

Exemplaire unique, croyons-nous, chez M. de La Sicotière.

Impartialité. Publicité. — Gazette d'Alençon et du département de l'Orne. Journal de Littérature, d'Industrie, de Commerce, d'Arts, de Nouvelles locales, de Théâtres, d'Annonces judiciaires, d'Affiches et Avis.

Alençon, Ralu-Matrot, hebdomadaire, paraissant le dimanche, par 4 ou 8 pages in-4°, 1839 et 1840.

Rare. — Bibl. de M. de La Sicotière.

Prospectus de la 3° année, chez le même, grand in-4°.

Gazette d'Alençon et du département de l'Orne. Journal de Littérature, de Tribunaux, d'Esquisses de Mœurs, de Bibliographie, de Biographies, d'Histoire, de Beaux-Arts, d'Industrie, de Commerce, d'Hygiène, d'Événements remarquables, de Sciences, d'Agriculture, d'Économie domestique, de Découvertes nouvelles, de Connaissances utiles, de Nouvelles locales de la Normandie et des provinces limitrophes, de Mercuriales. Le journal ainsi annoncé eut 5 numéros in-4° jusqu'au 31 janvier. Il prit alors le grand in-folio qu'il conserva jusqu'au 29 janvier 1843, époque où il cessa de paraître. Avec le format in-fol., il avait remplacé la mention (qui était la vraie) « Troisième année » par celle-ci : « Neuvième année. »

Rare. — Bibl. de M. de La Sicotière. — Archives de l'Orne.

Le Vimonastérien. Journal hebdomadaire, littéraire, d'annonces, avis divers.

Feuille hebdomadaire, in-4°, imprimée à Vimoutiers, chez Chauvin, à partir du 1ᵉʳ janvier 1840. Au douzième numéro, elle prend le format in-folio et ajoute à son titre : « *d'Annonces légales de l'arrondissement commercial de Vimoutiers* ». Elle ne dura guère qu'un an. (*Bibliographie cantonale de Vimoutiers.*)

Rare. La collection la moins incomplète appartient à M. H. Delisle, à Vimoutiers.

Revue de l'Orne, journal littéraire et artistique, avec cette épigraphe, « de tout un peu, excepté de politique. »

Alençon, Poulet-Malassis, grand in-4°, paraissant le dimanche; illustrée de vignettes et de lithographies ; plusieurs suppléments, sous le titre de *Programme des spectacles, Courrier dramatique de la Revue de l'Orne*; 48 numéros, du

31 janvier au 26 décembre 1841. Fondée et dirigée par ¡M. de Vilette.

Rare et curieux journal. — Bibliothèque de M. de La Sicotière.

Le canton de Putanges, ou Émotions diverses de l'Ami de la nature, journal dédié au beau sexe.

Argentan, Barbier ; puis Falaise, Letellier, in-4° ; bimensuel, 1841 ; petite feuille publiée par Stanislas Ferouelle, depuis candidat en 1848, puis poète vagabond.

Très rare. — Deux numéros (3 et 4) chez M. de La Sicotière.

Gloire à la Patrie ! Revue du Perche, journal spécial du pays formant cette ancienne province, et des contrées limitrophes. — Histoire locale, Littérature, Études de mœurs, Poèmes, Anecdotes, Biographies, Bibliographie, Nouvelles, Annonces, Avis divers.

Mortagne, Glaçon, in-4°. Cette revue devait paraître tous les jeudis. Elle était entreprise par l'abbé Fret, curé de Champs, auteur de nombreuses publications sur le Perche, qui n'avait pas mesuré toutes les difficultés de son projet. Il n'en parut que deux numéros, en janvier 1842. (*Notice sur l'abbé Fret.*)

Très rare. — Bibliothèque de M. de La Sicotière, qui possède en outre le manuscrit préparé pour l'impression des numéros qui devaient suivre.

Publication mensuelle. Le Bien et le Mal, journal littéraire des Bonnes Mœurs.

Il n'a paru que le *Prospectus*, Argentan, Barbier, 1842. 4 p. in-8°. Ce journal devait donner 32 pages in-8° par mois.

Bibliothèque de M. La Sicotière.

L'Impartial de l'Orne, Journal mensuel, Politique, Littéraire, Agricole et Commercial.

Alençon, Ralu-Matrot, in-4° ; 1er numéro 28 février 1843, le seul, croyons-nous.

Bibliothèque de M. de La Sicotière.

Le Nouvelliste Alençonnais ; journal du département de l'Orne ; feuille non politique, consacrée à l'Agriculture, au Commerce, à l'Industrie, aux Sciences, aux Arts, aux Modes, à la Littérature, etc.

Alençon, Bonnet, imprimeur, in-folio, paraissant le dimanche ; 1er numéro, 16 juillet 1843. Pendant plusieurs années,

les deux premières pages de ce journal s'imprimèrent à Paris,
rue du Coq-Héron, 2 : combinaison assez singulière et toute-
fois employée de vieille date, car nous croyons qu'elle avait
été adoptée, au commencement du xvii⁰ siècle, pour la publication de plusieurs almanachs, notamment de ceux du
Maine. La première partie de ce journal ou du livre était
imprimée pour toute la France, à très grand nombre par
conséquent ; la seconde seule revêtait un caractère local et
se différenciait sur place en autant de versions qu'il y avait
de foyers de publication intéressés. Le *Nouvelliste* cessa en
1868. Le format en avait été modifié à diverses reprises,
mais en gardant toujours l'in-folio.

Bibl. de M. de La Sicotière. — Archives de l'Orne, 1863-
1866.

*Cavaldos. — Orne. — Manche. — L'Intérêt public, journal
des droits et des devoirs nationaux.*

Fondé à Caen, en 1845, par Auguste de Nollent, de Rezen-
lieu. Imprimé par Woinez ; 3 numéros in-fol. par semaine.
1ᵉʳ n⁰, 21 novembre. Très répandu dans l'Orne. Organe de
l'opinion légitimiste jusqu'en 1851 (Frère).

Bibl. de M. de La Sicotière.

*Moniteur de l'Orne et de la Mayenne, paraissant le dimanche et
le jeudi.*

Mayenne, Moreau, in-folio. A dû paraître de 1847 à 1852.
Incomplet, chez M. de La Sicotière.

*Le Journal de Caen, du département du Calvados, de l'Orne et
la Manche, politique commercial et littéraire*

Caen, 1847, in-fol., 3 numéros par semaine (Frère).

VI

RÉVOLUTION DE 1848

1848-1851

Le Républicain de l'Orne, Journal des intérêts démocratiques.
Alençon, Bonnet, in-fol. Paraissant le jeudi et le dimanche.
1ᵉʳ n⁰, 23 mars 1848 ; dernier, 21 avril ; 8 n⁰ˢ en tout. Dirigé
et signé par Lefrou, avoué à Alençon. Rédigé en grande
partie par des professeurs du Lycée.

Rare et curieux. — Bibl. de M. de La Sicotière. — Archives
de l'Orne.

L'Abeille, Journal des intérêts des campagnes.

L'Abeille paraissait le jeudi et le dimanche, in-fol. Elle s'imprimait à Chartres, chez Garnier. M. Le Brun de Charmettes, ancien préfet, auteur de l'*Histoire de Jeanne-d'Arc*, en eut la direction à partir du 22 mars 1848. Ce journal compta beaucoup d'abonnés et de correspondants dans le département de l'Orne. Il y fut l'organe du parti légitimiste en 1848 et 1849.

Bibl. de M. de La Sicotière.

L'Ordre et la Liberté, Journal politique, religieux, commercial et littéraire.

Imprimé à Caen, chez Delos, puis chez Domin, in-fol. : 3 nos par semaine ; commencé en 1848 (Frère). Abonnés et correspondants dans l'Orne.

Collection incomplète chez M. de La Sicotière.

L'Hippocrate politique.

Alençon, Poulet-Malassis, 1848, grand in-8° ; Publication en vers par Jules de Bagnoles (marquise d'Epinay); 6 numéros au moins.

Rare. — Incomplet. Bibl. de M. de La Sicotière.

L'Union républicaine du Département de l'Orne ; Journal des intérêts religieux ,politiques et scientifiques, paraissant le jeudi et le dimanche.

Caen, Poisson, in-folio ; en réalité publié à Argentan. Numéro spécimen (seul paru, croyons-nous) 20 avril 1848, signé Thévenot. Thévenot était un employé des postes, auteur des *Méridionales* et d'autres poésies.

Rare. — Bibliothèque de M. de La Sicotière.

L'Echo d'Argentan, Journal Judiciaire, Littéraire, Agricole, Industriel, Nouvelles locales, Annonces et Avis divers.

Argentan, in-folio, hebdomadaire ; directeur J.-A. Germain. Le prospectus in-4°, imprimé à Falaise, chez Jullien. Ce journal parut du 8 novembre 1849 au 1er mai 1851. (Frère.)

Bibliothèque de M. de La Sicotière.

Le Moniteur de l'Orne, journal de l'arrondissement de Domfront.

Domfront, Montauzé ; hebdomadaire, in-folio ; 24 mars 1850. Il prit bientôt le titre de *Publicateur de l'Orne, journal de l'arrondissement de Domfront.* Il s'est imprimé successivement chez Montauzé, Liard, Shrodzki, et Gaigé. Le 11 août 1872. il

devient politique, organe à Domfront du parti conservateur. Le 26 janvier 1873, il agrandit son format. (Frère — *Bibliographie cantonale de Domfront. — L'Imprimerie dans l'arrondissement.*)

Collection incomplète chez M. de La Sicotière. — Autre incomplète, aux Archives de l'Orne. — Complète chez M. le comte de Contades.

Le Publicateur de l'Orne.

Voir le *Moniteur de l'Orne.*

L'Orne, Journal politique, littéraire et commercial, paraissant le samedi.

Le Mans, Julien et Lanier, in-folio. Publié par Marais, d'Alençon. 8 numéros du 1er novembre au 20 décembre 1851.

Rare. — Bibliothèque de M. de La Sicotière.

VII

Deuxième Empire

1851-1870

Revue littéraire de l'Ouest.

Cette revue projetée par Poulet-Malassis, dans sa première jeunesse, devait être publiée par livraisons in-8° Il n'en a paru que le prospectus, Poulet-Malassis et de Broise, une page in-8°. (Notice sur Auguste Poulet-Malassis, par Maurice Tourneux ; extrait de l'*Artiste*, 1893.)

Rarissime. — Bibl. de M. de La Sicotière.

La *Chronique de l'Ouest.*

1re *série*, in-8° ; 3 vol. publiée, tous les quinze jours, par livraisons de pagination suivie et allant du 16 décembre 1855 au 21 décembre 1858. Imprimée chez Gallienne au Mans, puis chez Julien, Lanier et Cie.

2e *série : Journal politique, religieux, commercial et littéraire, paraissant le dimanche et le jeudi.*

Le Mans, Monnoyer, in-fol. 1er n°, 1er Janvier 1859. Imprimé plus tard chez Conyteaux, puis à l'imprimerie particulière du journal. Paraît tous les jours, excepté le dimanche, à partir de 1872. Directeur, pendant toute son existence, Ch. de La Porte. Cesse en octobre 1889. Très irrégulièrement servi dans les derniers temps. Ce journal, royaliste, avait été répandu dans l'Orne à une certaine époque.

Bibl. de M. de La Sicotière.

Église de l'Immaculée Conception de Séez (Orne), construite et décorée à l'aide des Offrandes du Clergé et des Fidèles de tous les Diocèses ; Bulletin ou Compte-rendu des grâces obtenues.

Paraissant irrégulièrement par livraisons de 8 p. en général, in-32 ; Paris, Goupy. Le premier numéro est du 1er avril 1856 ; le 73e du 25 novembre 1893. Les 32 premiers, s'arrêtant au 1er mai 1873, ont été réunis en un volume dont la couverture porte pour titre : *Recueil des pièces relatives à l'œuvre de Notre-Dame de Séez. — Circulaire. — Ordonnance épiscopale.— Bulletin.* — La première circulaire est datée du 18 décembre 1854 ; l'Ordonnance, du 26 mars 1855. Elles comprennent 8 pages, in-32.

Journal de Flers et de l'arrondissement de Domfront.

Paraissant le mercredi, in-folio ; Flers, Follope. Ayant commencé le 7 mai 1857. Format d'abord exigu. Aujourd'hui journal politique. Directeur, Follope. (L'*Imprimerie dans l'arrondissement de Domfront*; — *Annuaire* pour 1892.)

Coll. incompl. chez M. de La Sicotière et chez M. le comte de Contades, (1857-1884.)

Le Nord-Ouest ; Journal d'Agriculture ; Echo des Comices.

Bimensuel, par cahiers de 16 à 32 p. grand in-8°. 1er numéro, 1er janvier 1859 ; dernier, 1er mars. Impr. de Broise à Alençon. Publié par Chaussepied, agent d'affaires.

Publicateur de l'Orne, 1859. V. *Moniteur de l'Orne,* 1850.

Bulletin de la Société d'Horticulture de l'Orne.

Ce bulletin, de format in-8°, et d'un nombre indéterminé de pages, imprimé chez de Broise, puis chez Renaut, son successeur, devait paraître par semestre. Il a commencé en 1860. T. Ier 1860 à 1869, 319 p. — T. II. 1869 à 1883, 788 p. — T. III. 1er semestre 1884. Depuis lors, pagination distincte pour chaque numéro. Le dernier est celui du 2e semestre de 1893.

Collection chez M. de La Sicotière.

Société Philharmonique de l'Eure, de l'Orne et d'Eure-et-Loir, fondée en 1835, par Aubéry du Boulley.

Amateur zélé et compositeur connu, M. Aubéry du Boulley avait organisé une sorte de fédération entre les musiques de nombreuses localités dont plusieurs appartenaient au département de l'Orne. De 1863 à 1866, il publia, comme moyen de propagande, une série de brochures in-8°. (L'Aigle, F. Ginoux) renfermant les compte-rendus des fêtes musicales qu'il avait dirigées et dont la principale, datée de juin 1866, 168 pages, parut par livraisons.

Très rare. — Collection incomplète chez M. de La Sicotière.

Journal de Tinchebray et de l'arrondissement de Domfront. Feuille Littéraire, Scientifique, Agricole, Commerciale, de Nouvelles et d'Annonces diverses, paraissant le vendredi.

In-folio, Condé-sur-Noireau, Eugène L'Enfant; n° spécimen, 25 août 1865 ; commencé le 1er septembre 1865, il s'arrête au 30 août 1866.

Chez M. Appert.

V. C. J. S. La Semaine catholique du diocèse de Séez.

Cahiers hebdomadaires in-8° de 16 pages, avec pagination suivie. Imprimerie de Thomas à Alençon, du 11 octobre 1863 au 4 janvier 1864 ; puis de Montauzé à Séez. A partir de 1874, le volume commence régulièrement au mois de janvier. A la fin du deuxième volume, existe une table des deux premières années ; il n'y en a pas, lacune extrêmement regrettable, pour les années suivantes.

Bibliothèque de M. de La Sicotière, et autres.

Le Journal illustré.

Paris, Plon, petit in-folio, hebdomadaire.

En 1866-67, série de gravures représentant des vues et des armoiries des principales villes du département de l'Orne, avec texte par Jacques Bonus (Philippe Moisson).

Le Courrier de l'Ouest; Journal de l'Orne et de la Région, Politique, Agricole, Commercial, Industriel et Littéraire, paraissant tous les jours, les dimanches exceptés.

Alençon, Thomas, in-folio; 1er numéro, 15 octobre 1868 ; dernier, 12 mai 1883. Ce journal porta des sous-titres différents : *Normandie, Perche et. Bretagne. Feuille politique, agricole, commerciale, industrielle et littéraire; paraissant les mardis, jeudis et samedis. — Journal de l'Orne et des départements limitrophes.*

A la fin, il s'imprimait à Alençon, chez Lepage.

Bibl. de M. de La Sicotière.

Figaro de l'Aigle, journal littéraire de toute la Normandie, paraissant le vendredi matin.

L'Aigle, imprimerie Ginoux fils, In-folio. 1er numéro, 13 septembre 1869. Le numéro 16 (25 novembre) annonce qu'à partir du numéro 18 « le Figaro de l'Aigle sera transformé ».

Bibliothèque de M. de La Sicotière.

Journal de la Ferté-Macé.

Hebdomadaire, la Ferté-Macé, Bouquerel. 1er numéro, 3 octobre 1869. (*L'Imprimerie dans l'arrondissement de Domfront — Bibliographie cantonale de la Ferté-Macé*). Ce dernier ouvrage renferme une table faite avec beaucoup de soin des principaux articles publiés dans ce journal, depuis sa fondation jusqu'en 1881, avec l'indication du nom des auteurs. Journal conservateur.

Chez M. le comte de Contades et chez M. de La Sicotière.

Académie de Caen. — Département de l'Orne, — Bulletin de l'Instruction primaire, publié sous la direction de l'Inspecteur d'Académie.

Alençon, imprimerie de la Préfecture, Livraisons in-8°. Le Tome XXII est en cours de publication.

VIII

Nouvelle République

1870-1893

Le Grelot. Journal politique d'Argentan, traitant des matières littéraires, industrielles, commerciales et agricoles ; Annonces commerciales et autres ; paraissant le samedi.

Argentan, Cagnant, in-folio; commencé en octobre 1870.

Incomplet, aux Archives de l'Orne.

Le Franc-Tireur de Flers.

Paraissant le dimanche, Domfront, Renault, in-4° d'abord, puis oblong. 1er numéro, 6 novembre 1870 ; 11e, 15 janvier 1871. On dit qu'il y en aurait eu 14 ou même 16 ; le fait n'est pas sûr.

Très rare. — 11 nos chez M. Appert.

Le Progrès de l'Orne. Journal du Département de l'Orne, Politique, Littéraire, Commercial et Agricole, paraissant les mardis, jeudis et samedis.

In-folio. Imprimé d'abord au Mans, chez Beauvais, puis à

Alençon, chez Ramilly et Pessey ; rédacteur en chef au début,
Adolphe Chouippe ; 1er numéro, 16 mai 1871. Journal continué par l'*Avenir de l'Orne.*

Les Petites Nouvelles du Département de l'Orne.
Caen, Goussiaume-Delaporte, in-folio, paraissant une fois
par semaine.Une note, en tête des premiers numéros, porte :
« pour tout ce qui regarde la rédaction et l'administration du
journal, s'adresser à M. Orgeval, libraire à Argentan. » Le
26e numéro est daté du 23 août 1872.

*L'Orne, Journal de Mortagne et de l'arrondissement, parais-
sant tous les samedis.*
Mortagne, Charles Cherbonnier-Vannerie, In-folio. De
mars au 1er juin 1872 ; 9 numéros.
Rare. Bibliothèque de M. de La Sicotière.

*La Normandie ; Journal politique, Littéraire, Commercial,
Industriel, Agricole et d'Annonces.*
Paraissant le mardi, in-fol. Laigle, Montauzé, imprimeur.
1er nº, 30 avril 1872. Il a cessé de paraître en 1876.
Archives de l'Orne.

*Le Nouvelliste départemental de Indre-et-Loire, Maine-et-
Loire, Mayenne, Sarthe et Orne, paraissant les mardis, jeudis et
samedis.*
Le Mans, Leguicheux. In-folio double. Numéro spécimen,
10 octobre 1873, le seul paru, croyons-nous.
Bibliothèque de M. de La Sicotière.

*Le Messager de l'Orne. Revue Politique, Religieuse, Industrielle,
et Agricole de la semaine.*
In-folio, paraissant le samedi. 1er numéro, 6 décembre 1873. Imprimé d'abord à Alençon, chez de Broise, puis
à Séez, chez Montauzé aîné, puis à Laigle, chez Montauzé
jeune. Rédacteur au début Sain d'Arod, puis de Kerval et
autres.
Bibl. de M. de La Sicotière.

*L'Echo Régional, Journal Politique, Littéraire, Agricole et
Commercial, paraissant le dimanche.*
Le Mans, grand in-folio, 1873-1875. Les localités suivantes
figurent au sous-titre, comme devant être desservies par ce
journal : Alençon, Séez, Mortagne, Courtomer, Gacé, Vimoutiers, Bellême, Ecouché, Tourouvre.

Bulletin de la Société industrielle de Flers (Orne).

Publié à Flers, chez Follope, par livraisons grand in-8°. La première est de 1875. La publication s'en est continuée fort irrégulièrement jusqu'en 1889.

Bibl. de M. de La Sicotière.

Le Bien public de Bellême et de l'arrondissement de Mortagne ; journal politique, agricole, commercial et littéraire, paraissant le jeudi et le dimanche.

Bellême, Ginoux, in-fol. Plus tard, il ajoute à son titre : « *Journal républicain* ». Commencé en 1875. (*Annuaire*, 1892.)

Revue des Jardins et des Champs, paraissant en douze livraisons, par Anatole Macé, horticulteur à la Ferté-Macé.

In-8° ; La Ferté-Macé, Vᵉ Bouquerel. 11 numéros ; de janvier à novembre 1875. (*Bibliographie cantonale de la Ferté-Macé*).

Peu commun. — Bibliothèque de M. de La Sicotière.

Bulletin électoral de l'Orne.

Alençon, de Broise, grand in-4° ; publié au numéro, à l'occasion des élections sénatoriales, dans l'intérêt de la candidature de MM. Gévelot, Grollier et Donon. 8 numéros, du 15 janvier au 3 février 1876.

Rare. — Bibliothèque de M. de La Sicotière. — Archives de l'Orne.

Journal d'Argentan, Organe des Communes de l'Arrondissement, Politique, Littéraire, Agricole, Commercial, paraissant le samedi de chaque semaine.

Argentan, Cagnant, in-folio ; commencé en 1876 ; continué en 1880, sous le titre de : *Journal d'Argentan et de l'Union Républicaine de l'Orne.*

Collection incomplète, aux Archives de l'Orne. — Complète chez M. le comte de Contades.

Le Bonhomme percheron ; Perche et Normandie.

Mortagne, Daupeley frères, in-folio. Publié à l'occasion des élections législatives de l'arrondissement de Mortagne, sous la direction de M. Dugué de la Fauconnerie. 24 numéros, du 15 janvier au 7 mars 1876.

Bibliothèque de M. de La Sicotière.

Le Bonhomme percheron ; Perche et Normandie.

Imprimé à Mortagne, chez Daupeley ; dirigé par M. Dugué

de la Fauconnerie ; paraissant les dimanches et jeudis, in-fol. ;
2 août 1877 au 31 janvier 1878.
Bibliothèque de M. de La Sicotière.

La Lanterne du Bonhomme percheron, par *Dugué de la Fauconnerie.*
Série de numéros in-12, de 24 pages habituellement, publiés
par quinzaine, et allant de mai à octobre 1885. Portrait de
l'éditeur sur la couverture. Alençon, Renaut de Broise ;
12 numéros, croyons-nous.
Bibliothèque de M. de La Sicotière.

Le Bonhomme Percheron.
Mortagne, Daupeley, in-folio, paraissant le dimanche ; 1885
et années suivantes.
Bibl. de M. de La Sicotière.

L'Avenir de l'Orne et de la Mayenne.
In-folio, Alençon, Pessey, imprimeur ; paraissant les mardis,
jeudis et samedis ; commencé le 2 janvier 1877, avec le numéro 80, continuant la série du *Progrès.* A partir du 16 avril
1884, il paraît tous les jours, sauf le lundi. En mai 1883, il
avait pris comme sous-titre : *Écho du Maine et du Perche.* En
juillet 1886, il redevient tri-hebdomadaire.
Bibl. de M. de La Sicotière. — Collection incomplète, Arch.
de l'Orne.
V. *le Progrès de l'Orne* 1871.

Le Courrier de l'Orne, journal politique, littéraire, commercial, industriel et agricole.
Laigle, Vercher, in-folio, hebdomadaire. Commencé en 1877.
Incomplet, Bibl. de M. de La Sicotière.

Bulletin de la Société industrielle de Laigle et de l'Orne.
Fondée en 1877, par l'initiative de M. Bohin, cette société
devait publier des bulletins mensuels. Il en a paru quelquesuns en 1878 et 1879, 4 p. grand in-8°, sans nom d'imprimeur.
Collection incomplète, chez M. de La Sicotière.

*Le Témoin de la Vérité, Revue du christianisme évangélique
et des questions religieuses. Journal mensuel.*
Paraissant par livraisons de 8 à 16 p. grand in-8° ; fondé par
M. Marsault, pasteur de l'Église évangélique d'Alençon ; imprimé successivement à Alençon, chez Pessey, Marchand-
Saillant et Lepage. La 1re année, mars à décembre 1878, a

96 p. La 2ᵉ (1879) in-4º. en a 192. La 3ᵉ in-4º, par livraisons
de 8 p, et toujours dirigée par le pasteur Marsault, passé à
l'Église de Rouillac (Charente) s'imprime à Angoulême
d'abord, puis à Niort. Onze années en tout (1888).

Bibl. de M. de La Sicotière.

*Le Glaneur de l'Orne et de l'Eure ; Journal politique, litté-
raire, Commercial, Industriel, agricole, d'Annonces judiciaires
et autres.*

Laigle, Guy, in-folio, paraissant le jeudi ; 1ᵉʳ numéro,
16 février 1877. Au début, il s'imprimait chez Pascal Montauzé et paraissait le dimanche (*Annuaire* 1892).

*La Revue de l'Orne, Annales de la vie intellectuelle, litté-
raire, scientifique, artistique, etc. dans le département, paraissant à la fin de chaque mois, en livraisons de 32 pages, et ne
publiant que des articles inédits ou de pièces anciennes devenues
rares, relatifs au pays.*

Prospectus, 2 pages in-4º, Belleme, Ginoux, signé A. Bil-
lard, typographe. La *Revue*, dont la publication était annoncée
pour la fin de mars 1878, n'a jamais vu le jour.

*Courrier de l'Ouest, Journal de l'Orne, de la Sarthe et de
la Mayenne, agricole, commercial, industriel et littéraire, paraissant les mercredis et samedis.*

Alençon, Perret, puis Lepage, in-fol. 1ᵉʳ numéro, 7 décembre 1878.

Bibl. de M. de La Sicotière.

*Courrier de Flers et des Arrondissements de Domfront et
Argentan, paraissant tous les dimanches.*

Flers, L'enfant, in-fol. 1ᵉʳ numéro, 17 octobre 1880. (*Annuaire* 1892).

Le Bonhomme Normand.

Caen, hebdomadaire, pet. in-fol. Édition spéciale pour
l'Orne ; correspondant, Bodé à Alençon. Commencé en 1880.

*Les Echos de l'Ouest, journal politique et d'Annonces, Litté-
raire, Commercial et Agricole, paraissant le dimanche.*

Alençon, Marchand-Saillant, in-folio ; signé E. Leclerc. Le
numéro 41 de la deuxième année, daté du 12 janvier 1881.

*La Chronique Normande, Journal hebdomadaire des départe-
ments du Calvados, de l'Orne et de la Manche.*

Le Havre, Lemale aîné, imprimeur ; in-folio, 1880.

Le Bocage, organe de la Basse-Normandie, Politique, Littéraire, Judiciaire, Agricole et Commercial.

Grand in-folio, paraissant le vendredi, édité à Vire, imprimé à Flers, chez l'Enfant, 1er numéro, 29 octobre 1880.

Journal de Tinchebray, paraissant le dimanche.

Flers, in-fol. Directeur-rédacteur, Levesque; commencé en 1881.

L'Echo normand, journal de Tinchebray, paraissant tous les dimanches, Politique, Agricole, Commercial, Industriel et d'Annonces.

Grand in-folio, Flers, Levesque et Guerrie; 1er numéro 11 septembre 1881.

Bulletin de la Société historique et archéologique de l'Orne.

Publié par livraisons trimestrielles, formant par an un vol. in-8°, plans et gravures. Imprimé à Alençon, chez Renaut de Broise. Première année, 1882. Continue à paraître.

Table en préparation.

Journal de Vimoutiers, hebdomadaire, politique, littéraire, industriel, agricole et d'annonces.

Journal fondé en 1882 à Argentan, par P. Montauzé, imprimeur du *Progrès*. 1er numéro, 20 août 1882; dernier, 15 mars 1885. A partir du n° 127, il porte en sous-titre : *Echo de Gacé et de Livarot. (Bibliographie cantonale de Vimoutiers.)*

L'Avenir de l'Orne; supplément illustré.

Petit in-folio, hebdomadaire, imprimé chez Marc, à Paris; livraisons de 4 pages, avec gravures sur bois. Ce supplément parut pendant toute l'année 1882.

Bibl. de **M.** de La Sicotière.

Le *Patriote normand, journal du dimanche.*

Flers, Folloppe, in-fol.; rédacteur en chef, Dr Yver; commencé en 1883. *(Annuaire 1892).*

Bulletin mensuel de la Société scientifique Flammarion, fondé à Argentan le 18 juin 1882.

Argentan, imprimerie du *Progrès*, publié par livraisons mensuelles in-8°, et formant un volume chaque année. Sciences naturelles, historiques et météorologiques. Fondé par **M.** Vimont, professeur. Premier numéro, janvier 1883 ; dernier, mai 1890.

Le Perche, journal de l'arrondissement de Mortagne et de la Vallée de l'Huisne.

Pichard, imprimeur, paraissant le dimanche, Mortagne; commencé en 1883; impr. et directeur, Emile Bigot. (*Annuaire 1892.*)

Le Conservateur de Flers, journal Politique, Religieux, Littéraire, Industriel, Agricole et d'Annonces.

Flers, Gloeckler; in-folio, paraissant le dimanche. 5 numéros seulement, du 2 au 30 mars 1884.

Rare. — Complet, chez M. Appert et M. le C^{to} de Contades; — 4 n^{os} chez M. de La Sicotière.

Le Petit Fertois, journal politique, littéraire, agricole et d'annonces, de la Ferté-Macé, de l'arrondissement de Domfront et du département de l'Orne, paraissant le jeudi.

In-fol., Argentan, Cagnant. 38 numéros, 1884.
Bibl. de M. le Cte de Contades.

Le Progrès libéral de la Basse-Normandie, du Maine et du Perche.

Paraissant le jeudi et le samedi, in-fol. Argentan, impr. du *Progrès*. 1er numéro, 29 mars 1884; dernier, 15 mars 1885.

Bibl. de M. de La Sicotière.

Le Petit Normand, journal de l'Orne, feuille hebdomadaire, paraissant le samedi.

Alençon, Renaut de Broise. in-folio. 1er numéro, 29 novembre 1884; dernier, 1er mars 1890. Journal de la droite; directeur : Entrevan.

Bibl. de M. de La Sicotière.

Le Journal de Briouze, Putanges et Ecouché.
Hebdomadaire; Flers, impr. Follope, in-fol. Dir. : Dr Yver. Tirage à part du *Patriote Normand*. Commencé en 1884.

Le Nouvelliste de l'Orne, journal hebdomadaire, paraissant à Laigle, le dimanche.

Commencé en 1885; grand in-folio.

Le Foyer républicain, journal indépendant de l'Ouest, paraissant le samedi.

Argentan, Cagnant, in-folio; imprimé d'abord à Chartres, imprimerie du *Petit Beauceron*. Commencé en 1885.
Bibl. de M. de La Sicotière.

Le Bellêmois, journal du Perche, politique, agricole, industriel, commercial et d'annonces.

Bellême, Levayer, in-folio, paraissant le jeudi. Commencé en 1885. Bibl. de M. de La Sicotière.

Vimoutiers-Journal, Écho de la Vallée d'Auge, journal hebdomadaire, politique et d'annonces, littéraire, industriel, commercial et agricole. 1er numéro, 1er février 1885 (12 pluviôse an 93). E. Leclerc, directeur et rédacteur en chef. Dernier n° 222, 28 avril 1889 (*Bibliographie cantonale de Vimoutiers.*)

Bulletin de l'Œuvre expiatoire établie à la Chapelle Montligeon, diocèse de Séez, pour la délivrance des âmes délaissées du Purgatoire.

Cahiers in-8° de 16 p., imprimés d'abord à Séez, chez Montauzé; puis, à partir de février 1889, à l'imprimerie de l'Œuvre expiatoire. De 1885 à novembre 1888, 14 bulletins, publiés à des époques irrégulières; depuis lors, mensuels.

Un abrégé du *Bulletin,* en trois langues différentes, Anglais, Allemand et Espagnol, sort de la même imprimerie, sous le même titre, par numéros mensuels in-8°. En janvier 1894 : Bulletin anglais, 22e numéro; allemand, 16e ; espagnol, 10e.

L'Orne illustré.

Alençon, Guy, petit in-folio, avec gravures sur bois, paraissant le dimanche, par livraisons de 8 pages. 10 numéros du 13 décembre 1885 au 14 février 1886. Cette publication était un supplément au journal l'*Avenir.* Elle est intéressante. Bibl. de M. de La Sicotière.

L'Écho de Briouze et de Putanges, journal de l'arrondissement d'Argentan.

La Ferté-Macé, Vᵉ Bouquerel, hebdomadaire, in-folio. Tirage spécial de l'*Écho de la Ferté-Macé.* Commencé en 1886.

L'Écho de la Ferté-Macé, journal de l'arrondissement de Domfront.

Hebdomadaire, in-fol., Argentan, Cagnant. Commencé en 1886 (*Annuaire* 1892). Bibl. de M. le comte de Contades.

Journal du Sap, Gacé, la Ferté-Fresnel, et de l'Arrondissement d'Argentan, Feuille d'annonces légales, hebdomadaire.

Imp. à Flers, chez Follope ; Directeur, Dr Yver. Reproduction, avec titre spécial, du *Courrier d'Argentan.* 1er numéro, janvier 1887 (V. ce dernier article).

Journal du Merlerault, Exmes, Mortrée et de l'arrondissement d'Argentan, paraissant le dimanche.

Flers, in-fol., impr. Follope. Directeur : le Dr Yver. Commencé en 1887. Tirage à part du *Patriote.*

Nouvelliste de l'Orne.

Laigle, hebdomadaire; commencé en 1888 ; directeur, V. Nicolas (*Annuaire*, 1892).

Le Courrier d'Argentan, Vimoutiers, Trun, et de l'arrondissement d'Argentan, feuille d'annonces légales, hebdomadaire.

Imprimé à Flers, chez Follope ; directeur Dr Yver. 1er n°, Janvier 1887. Tirage à part du *Patriote normand. (Bibliographie cantonale de Vimoutiers — Annuaire* 1892.)

Le Courrier Normand.

Alençon, paraissant le dimanche. Directeur Coueslant ; commencé en 1887. (*Annuaire 1892.*)

Annales de l'Archiconfrérie de Notre-Dame-des-Champs, patronne des Agriculteurs et protectrice de l'Agriculture, érigée dans la Basilique cathédrale Notre-Dame de Séez.

Séez, Montauzé, in-8°, paraissant par livraisons mensuelles d'un nombre indéterminé de pages. Revue rédigée par M. l'abbé Dumaine, directeur de l'Œuvre; commencée en 1887; 46e n°, avril 1894.

L'Echo de Bagnoles et du Casino.

Petit in-folio, la Ferté-Macé, Guerrée, hebdomadaire pendant la saison. 1888, 10 n°s ; 1889, 10 numéros.

Bagnoles Thermal.

Hebdomadaire pendant la saison, La Ferté, Ve Bouquerel, in-fol.; 1890, 16 n°s.

Bagnoles thermal illustré.

Hebdomadaire, in-fol.; publication entreprise par l'*Ami du Foyer ;* 1891, 14 n°s.

Thermal-Bagnoles. Journal hebdomadaire. Échos de la Station. — Chronique. — Beaux-Arts. — Musique. — Théâtre.

In-fol., La Ferté-Macé, Mme Ve Bouquerel. 1892, 13 n°s ; 1893, 13 n°s.

Tous ces journaux sont rares. Collect. compl. chez M. le Cte de Contades.

L'Écho de Carrouges, Journal de Carrouges et de l'arrondissement d'Alençon.

La Ferté-Macé, Ve Bouquerel, in-folio, hebdomadaire. Commencé en 1889. Tirage spécial de l'*Echo de la Ferté-Macé.* (*Bibliographie cantonale de Carrouges*).

Le Cidre et le Poiré. Revue mensuelle des intérêts pomologiques.

Fondé par MM. Vimont, Jaeck et Muller ; paraissant par cahiers de 32 p. in-8°, Argentan, imprimerie du *Journal de l'Orne*. 1er numéro, 1er mai 1887. A partir de la troisième année, M. Vimont s'est retiré de cette revue et en a fondé une autre : *le Cidre, Revue mensuelle du Poiré et du Cidre, Organe des syndicats pomologiques de France*, qui s'imprime et se publie à Paris ; 1er numéro, janvier 1893. Elle porte en tête : sixième année.

Le Réveil de Vimoutiers et de la vallée d'Auge, journal hebdomadaire, politique et d'annonces, littéraire, industriel, commercial et agricole

Imprimé à Argentan, Formage et Triolet, in-fol. 1er n°, 19 mai 1889 ; continuant le *Vimoutiers journal* (V. ce dernier article). La publication du *Réveil* continue. (*Bibliographie cantonale de Vimoutiers.*)

Bulletin du Syndicat des Agriculteurs de l'Orne

Alençon, Herpin, in-8°, Mensuel. Rédigé par M. Langlois, professeur d'Agriculture et secrétaire du Syndicat. Commencé en 1888. 64e numéro, avril 1894.

Le Fertois républicain ; Journal radical indépendant ; paraissant les dimanches, mardis et jeudis.

Cette feuille in-folio, imprimée à Argentan, chez Cagnant, et portant : « Rédaction et Administration, Hôtel du *Cheval-Noir* à la Ferté-Macé, Rédacteur en chef, Polignac » n'a eu que 6 numéros ; le premier est daté du 11 septembre 1889. Publication électorale.

Rare. Chez M. le comte de Contades.

Les Echos de la Région de l'Ouest, paraissant le samedi.

Argentan, in-folio, directeur Triolet. Commencé en 1890.

Documents sur la province du Perche, publiés par le vicomte de Romanet et M. H. Tournouer, anciens élèves de l'École des Chartes.

Impr. à Mortagne, chez Daupeley (Meaux, successeur).

Publié par fascicules in-8º trimestriels renfermant, avec des paginations spéciales, des documents et des dissertations sur l'histoire du Perche. Premier fascicule, juillet 1890 ; 15e, janvier 1894.

La Croix de l'Orne ; Supplément à la Croix de Paris.
Domfront, Gaigé, imprimeur, in-folio. 1er numéro, 17 mars 1889. En juin 1891, elle s'imprima à Flers, toujours chez Gaigé, puis dans la même ville, à l'Imprimerie Catholique. Directeur principal, M. l'abbé Frécourt. Supplément hebdomadaire, au prix d'un franc par an. Prospectus sous le titre : *La Bonne presse dans le diocèse de Séez*, nº 1. 4 p. in-8º (1894).
Bibl. de M. de La Sicotière.

Journal de Séez et du canton. Feuille d'informations administratives et locales, des questions économiques, agricoles et littéraires.
In-folio, paraissant le samedi. 1er numéro, 30 mai 1890. A partir du 9 août 1890, le titre porte : « *et de Courtomer* ». Imprimé d'abord à Argentan, imprimerie du *Journal de l'Orne*, puis à Alençon, chez Guy.
Bibl. de M. de La Sicotière.

Le Courrier d'Athis, Journal du canton d'Athis, paraissant le dimanche.
In-fol. Flers, Folloppe. Directeur, le Dr *Yver*. Commencé en 1890. Tirage à part du *Patriote Normand*.

Le Moniteur de Briouze, Putanges, Ecouché et de l'Arrondissement d'Argentan, Journal hebdomadaire, Politique, Agricole, Commercial et d'Annonces.
Briouze, Vaquez, puis Roussel, à partir du nº 20; In-folio. 1er numéro, 4 octobre 1891 ; dernier, 27 novembre 1892.
Chez M. de la Sicotière et chez M. le comte de Contades.

Les Echos de Montligeon. Petite revue hebdomadaire illustrée.
Paraissant le samedi, par cahiers in-8º. 4 pages de nouvelles religieuses et morales ; couverture consacrée à des documents du même genre ; Romans : *Mystères de Montligeon*, par Thoumin, avec illustrations du même, formant un volume de 307 pages, pagination distincte. 1er numéro, 3 octobre 1891 ; 3e année 1894.

Revue Normande et Percheronne illustrée. Sciences, Littérature, Beaux-Arts.
Alençon, Herpin, gr. in-8º, mensuelle, par livraisons de

32 p. Directeur M. Duval, archiviste ; illustrations du capitaine Delbauve. 1er numéro. janvier 1892.

Le Val-Marie, Bulletin mensuel du Pélérinage de Notre-Dame de la Recouvrance ; Les Tourailles (Orne).

Flers, Imprimerie Catholique, cahiers de 4 à 8 p. 1re année 1892, 8 numéros in-16, d'abord, puis in-8o ; 3e, 1894.

Chez M. le comte de Contades et M. de La Sicotière.

Annales de Normandie. — Littérature, Sciences, Beaux-Arts.

Revue mensuelle, imprimée à Argentan, imprimerie du *Journal de l'Orne*, in-8o, papier teinté. Directeur, Ch. Vérel, à Nonant. 1er no, janvier 1894.

Nous mentionnons ici surabondamment deux journaux imprimés à Paris, mais plus particulièrement consacrés aux choses de Normandie et par suite à celles de l'Orne :

Le Normand de Paris, hebdomadaire, organe général de la Normandie et de la colonie normande à Paris.

In-fol. 4e année, 1894.

L'Union normande, Journal hebdomadaire, organe spécial des intérêts normands à Paris et en Normandie.

In-fol. 1re année, 1894.

Gazette de France.

Un certain nombre d'articles de la *Gazette de France* furent réimprimés à Alençon, chez Herpin, en 1892, et distribués dans le département de l'Orne, particulièrement à Alençon, par les soins de Mlle G., sous forme de petites brochures, avec cette mention : *Extrait autorisé.*

L'Alliance du Producteur et du Consommateur. Journal mensuel, publié par G. Fabre fils aîné, de Nîmes, propriétaire viticulteur.

Journal-réclame dont nous avons sous les yeux le no 8 (15 septembre 1893), imprimé à Saint-Étienne, chez Waton, in-4o, avec illustrations ; nous ne le mentionnons ici que parce qu'il porte au frontispice cette annonce « Rédaction et administration ; Grande-Rue, 91, à Alençon, Orne ».

Bulletin de la Société d'Horticulture et de Botanique du centre de la Normandie.

Ce recueil a paru pendant plusieurs années. Nous ne le connaissons que par la mention, dans la *Bibliographie cantonale* de Vimoutiers, des travaux de quelques jardiniers du département de l'Orne et des récompenses qu'ils leur avaient values.

Le Mans. — Typographie Edmond Monnoyer.